De:

....

Para:

....

A graça bate à sua porta

Abra seu coração e receba o amor de Deus

Max Lucado

THOMAS NELSON
BRASIL®

Título original
Grace Happens Here
© 2012 by Max Lucado
Edição original por Thomas Nelson, Inc. Todos os direitos reservados.
Copyright da tradução © Vida Melhor Editora LTDA., 2013.

Publisher	*Omar de Souza*
Editor responsável	*Samuel Coto*
Produção	*Adriana Torres*
	Thalita Aragão Ramalho
Produção editorial	*Luana Luz*
Tradução	*Lilian Jenkino*
Capa	*Douglas Lucas*
Preparação de originais	*Anna Beatriz Seilhe*
Revisão	*Daniel Borges*
	Thiago Braz
Compilação	*Terri Gibbs*
Diagramação e adaptação do projeto gráfico	*Trio Studio*

CIP-BRASIL. CATALOGAÇÃO NA FONTE
SINDICATO NACIONAL DOS EDITORES DE LIVROS, RJ

L931g   Lucado, Max
     A graça bate à sua porta: Abra seu coração e receba o amor de Deus / Max Lucado; [tradução de] Lilian Jenkino. – Rio de Janeiro: Thomas Nelson Brasil, 2013.

     Tradução de: Grace Happens Here
     ISBN: 978-85-7860-424-0

     1. Vida cristã. 2. Deus. 3. Graça. I. Jenkino, Lilian. II. Título.

CDD 248.4
CDU 27-584

Todas as citações bíblicas foram extraídas da Nova Versão Internacional. Outras versões, quando usadas, estão indicadas conforme as seguintes legendas: NTLH — Nova Tradução na Linguagem de Hoje; ARA — Almeida Revista e Atualizada; e ARC — Almeida Revista e Corrigida.

Thomas Nelson Brasil é uma marca licenciada à Vida Melhor Editora LTDA.
Todos os direitos reservados à Vida Melhor Editora LTDA.
Rua da Quitanda, 86, sala 218 – Centro – 20091-005
Rio de Janeiro – RJ – Brasil
Tel.: (21) 3175-1030
www.thomasnelson.com.br

SUMÁRIO

Acompanhado pela graça 6

Graça *salvadora* 42

Mudado pela graça 82

Moldado pela graça 114

Capacitado pela graça 148

Graça *generosa* 182

Descobrir a graça

é descobrir a dedicação absoluta de Deus a você, sua obstinada vontade de lhe oferecer um amor tão limpo,

curador,

e purificador,

que coloca o ferido de

pé novamente.

DEUS OFERECE UM NOVO CORAÇÃO

Quando a graça acontece, não recebemos um elogio de Deus, mas um novo coração. Dê seu coração a Cristo e ele retornará o favor. "Darei a vocês um coração novo e porei um espírito novo em vocês" (Ezequiel 36:26).

Você poderia chamar de transplante espiritual de coração.

Tara Storch entende esse milagre tanto quanto qualquer outra pessoa. Na primavera de 2010, um acidente de esqui tirou a vida de sua filha de 13 anos, Taylor. O que se seguiu para Tara e o marido, Todd, foi o pior pesadelo para qualquer pai: um funeral, um enterro, uma enxurrada de perguntas e lágrimas. Decidiram doar os órgãos da filha. Poucas pessoas precisavam de um coração mais do que Patricia Winters. O coração dela começou a falhar cinco anos antes, deixando-a muito fraca para fazer algo mais além de dormir. O coração de Taylor deu a Patricia um novo começo de vida.

Tara tinha apenas uma exigência: ela queria ouvir o coração da filha. Todd e ela voaram de Dallas a Fênix e foram até à casa de Patricia para ouvir o coração de Taylor.

As duas mães se abraçaram por um longo tempo. Então, Patricia ofereceu a Tara e a Todd um estetoscópio. Quando eles ouviram o ritmo saudável, que coração eles ouviram? Eles não ouviram o coração da própria filha ainda pulsante? Habitava em um corpo diferente, mas o coração era o coração da filha deles. E, quando Deus ouve seu coração, ele não ouve o coração do próprio Filho ainda pulsante? [...]

O cristão é uma pessoa em quem Cristo está acontecendo.

— *Graça*

Deus distribui *sua bondade* não com um conta-gotas, mas com um hidrante.

Seu coração é um copo descartável e a graça de Deus, o mar Mediterrâneo.

Você simplesmente não consegue contê-la por inteiro.

Tu, Senhor, és Deus compassivo e
misericordioso, muito paciente,
rico em amor e em fidelidade.

Salmos 86:15

Deus é o autor do livro da graça. Ele fez com que Adão e Eva saíssem dos arbustos, com que o homicida Moisés saísse do deserto. Criou um lugar para Davi, embora este tenha se voltado para Bate-Seba. Ele não desistiu de Elias, apesar de o profeta ter desistido dele. Imerecido. Inesperado. Graça.

ANTES QUE SAIBAMOS DAS NOSSAS NECESSIDADES

O banco me enviou um aviso de saldo devedor na conta-corrente de uma das minhas filhas. Eu incentivei as meninas a cuidarem das suas contas desde os tempos da faculdade. Mesmo assim, às vezes elas gastam demais.

O que eu devia ter feito? Deixar o banco assimilar o prejuízo? Eles não fariam isso. Enviar um bilhete furioso para ela? Uma advertência poderia ajudá-la mais tarde, mas não iria satisfazer o banco. Telefonar e lhe pedir para fazer um depósito? Sim, tanto quanto podia pedir para um peixe voar. Eu sabia da liquidez dela. Zero.

Transferir dinheiro da minha conta para a dela? Parecia a melhor opção. Afinal, eu tinha $ 25,37. Podia ter coberto a conta dela e pagado a taxa de saldo devedor também.

Além disso, aquele era o meu papel: não ter ideias. Se você estiver no vermelho, não me chame. Minha filha pode fazer algo que você não pode: ela pode me chamar de pai. E, desde que ela me chama de pai, fiz o que os pais fazem: cobri o erro da minha filha.

Quando lhe disse que ela estava com a conta negativa, ela respondeu que sentia muito. Mas não se propôs a fazer um depósito. Ela estava quebrada. Não tinha opção.

— Pai, você poderia...

Eu a interrompi.

— Querida, já fiz.

Eu supri a necessidade dela antes mesmo de ela saber que tinha uma.

Muito antes de você saber que precisava de graça, seu Pai fez a mesma coisa. Fez um depósito, um grande depósito: "Cristo morreu em nosso favor quando ainda éramos pecadores" (Romanos 5:8). Antes de saber que precisava de um Salvador, você já tinha um. E, quando você lhe pede misericórdia, ele responde: "Já lhe dei, querido filho. Já lhe dei."

— *Quebrando a rotina*

Jesus
trata os seus dias vergonhosos

com graça.

Ele tomará a sua culpa se você lhe pedir.

Tudo que ele espera é o seu pedido.

Tomamos os corações maculados nas mãos

e os oferecemos a Deus como faríamos com uma flor esmagada e sem perfume:

— Você pode dar vida a isto?
E ele dá.

Vocês sabem que não foi por meio de coisas perecíveis como prata ou ouro que vocês foram redimidos da sua maneira vazia de viver que lhes foi transmitida por seus antepassados, mas pelo precioso sangue de Cristo, como de um cordeiro sem mancha e sem defeito.

1Pedro 1:18,19

GRAÇA ANTES DO CAFÉ DA MANHÃ

Os pensamentos de Pedro são interrompidos por um grito que vem da praia.

— Vocês pegaram algum peixe?

Pedro e João erguem os olhos. Provavelmente era um aldeão.

— Não — eles gritam.

João olha para Pedro. Que prejuízo. Por isso, lá vai a rede. Pedro enrola a corda no punho para esperar.

Mas não há espera. A corda fica tesa, e a rede apanha peixes. Pedro põe seu peso contra o lado do barco e começa a puxar a rede. Ele está tão envolvido com a tarefa que não percebe a mensagem.

João não. O momento é um *déjà-vu*. Isso já havia acontecido antes. A noite longa. A rede vazia. O chamado para lançar a rede novamente. Os peixes batendo-se no chão do barco. Espere um minuto... Ele ergue os olhos e vê o homem na praia.

— É ele — sussurra.

Então mais alto:

— É Jesus.

Pedro se vira e olha. Jesus, o Deus do céu e da terra, está na praia... e está fazendo uma fogueira.

Pedro mergulha na água, nada até a praia, sai tropeçando todo molhado e tremendo, e se põe diante do amigo a quem traiu. Jesus tinha preparado uma esteira de carvões.

Como em poucas vezes em sua vida, Pedro fica em silêncio. Que palavras seriam suficientes? O momento é santo demais para dizer alguma coisa. Deus está oferecendo um café da manhã ao amigo que o traiu. E Pedro, mais uma vez, está encontrando graça na Galileia.

O que dizer de um momento como esse?

O que você diz em uma hora como essa?

São só você e Deus. Ambos sabem o que você fez. E nenhum dos dois se orgulha disso. O que você faz?

Você poderia pensar em fazer o que Pedro fez. Ficar na presença de Deus. Ficar sob seu olhar. Ficar e esperar. Às vezes, é tudo que uma alma pode fazer. Muito arrependidos para falar, mas esperançosos demais para partir, nós apenas ficamos.

Ficamos maravilhados.

Ele voltou.

Ele o convida para tentar novamente. Desta vez, com ele.

— *3:16 — a mensagem de Deus para a vida eterna*

Somos presunçosos não quando nos maravilhamos na graça de Deus, mas quando a rejeitamos.

Deus oferece segundas chances, como uma cozinha pública oferece comida, a todos *que pedem.*

A PESSOA QUE NÃO PÕE A SUA
ESPERANÇA NAS COISAS QUE FAZ, MAS
SIMPLESMENTE CRÊ EM DEUS, É A FÉ
DESSA PESSOA QUE FAZ COM QUE ELA
SEJA ACEITA POR DEUS, O DEUS QUE
TRATA O CULPADO COMO SE ELE FOSSE
INOCENTE.

Romanos 4:5, NTLH

A salvação é o resultado da graça.

❖❖

Sem exceção, nenhum homem ou mulher jamais fez uma obra para aprimorar a obra realizada pela cruz.

NOSSO PAI CELESTIAL CONCEDE A GRAÇA

Venha comigo até a sala de estar de Deus.

Sente-se na cadeira que foi preparada para você e aqueça as mãos com o fogo que nunca se apaga. [...] Pare diante da lareira e observe a pintura que se encontra acima dela.

Seu Pai estima muito esse retrato. Ele o pendurou onde todos possam vê-lo. [...]

O retrato capturou a cena meiga de um pai e um filho. No fundo da pintura, há uma grande casa no alto de uma colina. Sob os pés deles há um caminho estreito. Descendo da casa, o pai corre. Subindo a trilha, o filho anda com dificuldade. E os dois se encontram, ali, no portão.

Não conseguimos ver o rosto do filho, que está enterrado no peito do pai. Não, não podemos ver seu rosto, mas podemos ver o manto esfarrapado e o cabelo desgrenhado. Podemos ver a lama em suas pernas, a sujeira em seus ombros e a bolsa vazia no chão. Uma vez, essa bolsa esteve cheia de dinheiro. Antes, esse rapaz esteve cheio de orgulho. Mas isso foi uma dúzia de tavernas atrás. Agora, tanto a bolsa quanto o orgulho estão esgotados. O pródigo não oferece presentes nem explicações. Tudo que oferece é o fedor de porcos e uma desculpa ensaiada: "Pai, pequei contra o céu e contra ti. Não sou mais digno de ser chamado teu filho" (Lucas 15:21). [...]

Embora não possamos ver o rosto do filho, não podemos deixar de reparar no do pai. Veja as lágrimas brilhando nas bochechas encarquilhadas, o sorriso luminoso em meio à barba prateada. Um braço segura firme para que o rapaz não caia e o outro o segura bem perto para que não duvide.

— Depressa! — grita o pai. — Tragam a melhor roupa e vistam nele. Coloquem um anel em seu dedo e calçados em seus pés. Tragam o novilho gordo e matem-no. Vamos fazer uma festa e alegrar-nos. Pois este meu filho estava morto e voltou à vida; estava perdido e foi achado (Lucas 15:22-24). [...]

Observe esse retrato e lembre-se do seu Deus: é certo chamá-lo de Santo; falamos a verdade quando o chamamos de Rei. Mas, se você quer tocar o coração dele, use o nome que ele ama ouvir. Chame-o de *Pai*.

— *A grande casa de Deus*

Cristo veio ao mundo por uma razão: dar a sua vida como um resgate

----- ❦ -----

por você,

por mim,

por todos nós.

Ele se sacrificou para nos dar uma segunda chance.

Ele foi ferido pelas nossas transgressões
e moído pelas nossas iniquidades.

Isaías 53:5, ARC

Já lhe foi dado um presente que se compare à graça de Deus?

Encontrar esse tesouro de misericórdia faz do mendigo mais pobre um príncipe.

Perder esse presente faz do homem mais rico um miserável.

O AMOR GRACIOSO DE DEUS

Na época em que Martinho Lutero teve a sua Bíblia impressa em alemão, uma filha do tipógrafo encontrou o amor de Deus. Ninguém lhe contara sobre Jesus. Em relação a Deus, ela não sentia nada além de medo. Um dia, ela recolheu do chão algumas páginas caídas das Escrituras. Em uma folha, encontrou estas palavras: "Deus tanto amou o mundo que deu...". O restante do versículo ainda não tinha sido escrito. Mas o que ela viu foi o suficiente para comovê-la. O pensamento de que Deus lhe daria algo transformou seu medo em alegria. Sua mãe percebeu a mudança de atitude.

Quando lhe perguntaram a causa de sua alegria, a moça tirou do bolso o papel amassado que continha uma parte do versículo. A mãe leu e perguntou: "O que ele lhe deu?" A filha ficou perplexa por um momento e em seguida respondeu: "Não sei. Mas, se nos amou tanto a ponto de nos dar algo, não devemos ter medo dele."[1]

— *It's not about Me*

Deus tanto amou o mundo que deu o seu Filho Unigênito para que todo o que nele crer não pereça, mas tenha a vida eterna.

João 3:16

De todas as coisas que você precisa ganhar na vida,

a afeição infindável de Deus é uma delas.

Você a tem.

Espreguice-se na rede da graça. Você pode descansar agora.

É BOM SERMOS ESPIRITUALMENTE
FORTES POR MEIO DA GRAÇA
DE DEUS E NÃO POR MEIO DA
OBEDIÊNCIA A REGRAS.

Hebreus 13:9, NTLH

Pedimos **graça,** *apenas para encontrar o* **perdão** *já oferecido.*

Jesus já conhece o custo da graça.

Ele já conhece o preço do perdão.

Mas os oferece mesmo assim.

Deus demonstra seu amor por nós: Cristo morreu em nosso favor quando ainda éramos pecadores.

Romanos 5:8

Deus não olhou para as nossas vidas desgastadas e disse:

— *Morrerei por vocês quando merecerem.*

Não, apesar dos nossos pecados em face à nossa rebelião,

························ ❧❧ ························

ele escolheu nos adotar.

JESUS MORREU POR NOSSOS PECADOS

Quando eu era menino, li uma fábula russa que falava de um mestre e de um servo que saíram em viagem para uma cidade. Já me esqueci de muitos detalhes, mas me lembro do final. Antes que pudessem chegar ao destino, os dois homens foram pegos por uma nevasca ofuscante. Eles perderam o rumo e não conseguiram chegar à cidade ao anoitecer.

Na manhã seguinte, amigos preocupados foram procurar os dois homens. Por fim, encontraram o mestre, congelado até a morte, de cara na neve. Quando o ergueram, encontraram o servo — gelado, mas vivo. Ele sobreviveu e contou como o mestre tinha voluntariamente se deitado sobre ele, para salvá-lo.

Por muitos anos, não pensei nessa história. Mas, quando li o que Cristo disse que faria por nós, me lembrei dela, pois Jesus é o mestre que morreu pelos servos.

— Quando os anjos silenciaram

Alcancei misericórdia, para que em mim, o pior dos pecadores, Cristo Jesus demonstrasse toda a grandeza da sua paciência.

1Timóteo 1:16

Nosso Salvador se ajoelha e observa os atos mais obscuros da nossa vida. Mas, em vez de recuar horrorizado, ele estende sua mão bondosa e diz:

—— *Posso apagar isso se você quiser.*

E na bacia de sua graça ele enche a mão de misericórdia e lava os nossos pecados.

Nossa fé não *merece* o amor de Deus

mais do que
   a nossa estupidez
     o põe em risco.

*A cruz era pesada, o sangue era real e o preço foi exagerado.
Teria levado você ou eu à falência.
Então, ele pagou por nós.*

*Chame isso de simples. Chame de presente.
Mas não chame de fácil.*

Chame pelo que é. Chame de graça.

NOSSA PENA ESTÁ PAGA

De volta aos nossos dias na escola primária, meu irmão ganhou uma pistola de ar comprimido no Natal. No mesmo instante, montamos um estande de tiro ao alvo no quintal e passamos a tarde atirando contra ele. Cansando-se da facilidade com que acertava o círculo, meu irmão mandou-me buscar um espelho de mão. De costas para o alvo, pôs a arma sobre o ombro, localizou pelo espelho o pontinho preto no estande e fez a melhor imitação de um herói do faroeste. Mas errou o alvo. Também errou o depósito atrás do alvo e a cerca atrás do depósito. Não tínhamos a menor ideia de onde o chumbinho da pistola havia parado. No entanto, nosso vizinho do outro lado da viela soube. Ele logo apareceu na cerca do quintal dos fundos perguntando quem havia atirado e quem iria pagar pela porta de correr de vidro.

Nesse momento, fingi não conhecer meu irmão. Mudei meu último nome e aleguei ser uma visita do Canadá que viera passar as férias ali. Meu pai foi mais nobre do que eu. Ouvindo o barulho, ele apareceu no quintal, acabando de acordar de sua soneca no dia de Natal, e conversou com o vizinho.

Entre suas palavras estavam as seguintes:

— Sim, são meus filhos.

— Sim, vou pagar pelo erro deles.

Cristo diz o mesmo a seu respeito. Ele sabe que você erra o alvo. Ele sabe que você não pode pagar por seus erros. Mas ele pode. "Deus o ofereceu como sacrifício para propiciação mediante a fé" (Romanos 3:25).

— Derrubando Golias

Ser salvo pela graça

é ser salvo por

Jesus,

*não por uma ideia, doutrina, crença
ou congregação religiosa,*

mas pelo próprio Jesus,

*que irá subir aos céus qualquer um
que lhe der consentimento.*

Se [...] andarmos na luz, como ele está na luz, temos comunhão uns com os outros, e o sangue de Jesus, seu Filho, nos purifica de todo pecado.

1João 1:7

*Deus não negligenciou nossos pecados,
para que não os endossasse.*

*Ele não puniu você,
para que não o destruísse.*

*Em vez disso, encontrou uma maneira
de punir o pecado e preservar o pecador.*

*Jesus recebeu a punição que era sua,
e Deus deu a você o crédito
pela perfeição de seu Filho.*

UM PECADOR SALVO PELA GRAÇA

John tinha trabalhado no mar desde os 11 anos. O pai dele, um capitão inglês a serviço no Mediterrâneo, levava-o a bordo e o treinava para ingressar na Marinha Britânica.

Ainda que John ganhasse em experiência, perdia em disciplina. Ele zombava da autoridade. Andava com as pessoas erradas. Afundava nos modos pecaminosos de um marinheiro. Embora o treinamento o tenha qualificado para servir como oficial, seu comportamento fez com que fosse castigado e rebaixado.

Por volta dos vinte anos, John foi para a África, onde se interessou pelo lucrativo comércio escravo. Aos 31 anos, ganhava a vida no *Greyhound*, um navio negreiro que cruzava o oceano Atlântico.

John ridicularizava a moral e zombava dos religiosos. Até fazia piadas a respeito de um livro que no fim iria ajudá-lo a reformular sua vida: *A imitação de Cristo*. Na verdade, ele estava depreciando esse livro algumas horas antes de seu navio ser atingido por uma tempestade violenta.

Naquela noite, as ondas golpearam o *Greyhound*, girando o navio por um minuto no topo de uma onda, arremessando-o, em seguida, em um vale alagado.

John acordou e viu sua cabine cheia de água. Um lado do *Greyhound* estava avariado. Normalmente, um dano assim teria levado um navio ao fundo do mar em questão de minutos. O *Greyhound*, no entanto, ainda carregava a carga e continuava navegando.

John trabalhou a noite toda. Por nove horas, ele e outros marinheiros se esforçaram para evitar que o navio afundasse. Mas ele sabia que era uma causa perdida. Por fim, quando suas esperanças estavam mais avariadas do que o casco do barco, John se atirou no deque tomado pela água salgada e implorou: "Se nada disso adiantar, então, Senhor, tenha misericórdia de todos nós."

John não merecia misericórdia, mas a recebeu. O *Greyhound* e sua tripulação sobreviveram.

John nunca se esqueceu da misericórdia de Deus mostrada naquele dia tempestuoso do Atlântico em fúria. Ele voltou para a Inglaterra, onde se tornou um pregador poderoso e um compositor prolífico. Você canta as músicas que ele compôs, como esta:

Maravilhosa graça! Quão doce é o som
Que salvou um miserável como eu!

Esse mercador de escravos que se tornou compositor de músicas era John Newton. Nos últimos anos de sua vida, alguém lhe perguntou sobre a sua saúde. Ele confessou que suas forças estavam definhando. "Minha memória quase já se foi", respondeu. "Mas me lembro de duas coisas: sou um grande pecador e Jesus é um grande Salvador."

— *Um dia na vida de Jesus*

A salvação é o negócio de Deus.

A graça
é ideia,
obra e custo dele.

Tentativas de autossalvação não garantem nada além de exaustão.

Vocês são salvos pela graça, por meio da fé, e isto não vem de vocês, é dom de Deus; não por obras, para que ninguém se glorie.

Efésios 2:8-9

Você acha que Deus o amaria mais se você fizesse mais, certo?

Acha que se você fosse melhor o amor dele seria mais profundo, certo?

Errado.

PERDOADO PELA GRAÇA

Nos primeiros dias da guerra civil americana, um soldado dos estados do norte foi preso sob a acusação de deserção. Incapaz de provar sua inocência, ele foi condenado e sentenciado à morte dos desertores. O recurso de apelação chegou à mesa de Abraham Lincoln. O presidente se apiedou e assinou sua absolvição. O soldado voltou ao serviço, lutou a guerra toda e foi morto na última batalha. No bolso de seu uniforme, estava a carta assinada pelo presidente.

Perto do coração do soldado, estavam as palavras de perdão de seu líder. Ele encontrara coragem na graça. Fico imaginando quantos outros milhares encontraram coragem na simbólica cruz de seu rei celestial.

— *Nas garras da graça*

A graça é toda Jesus.

A graça existe porque ele existe, opera porque ele opera e é importante porque ele é importante.

Você não consegue ser bom o bastante para merecer perdão. É por isso que precisamos de **um salvador.**

CONFIANDO NA GRAÇA DE DEUS

Você precisa confiar na graça de Deus.

Siga o exemplo dos mineiros chilenos. Presos debaixo de seiscentos metros de rocha sólida, os 33 homens estavam desesperados. O colapso de um túnel principal selara a saída e os empurrara para o modo de sobrevivência. Comiam duas colheres de atum, uma porção de pêssegos e tomavam um gole de leite — a cada dois dias. Por dois meses, oraram para que alguém os salvasse.

Na superfície, acima deles, a equipe de resgate chilena trabalhava sem parar, consultando a NASA, encontrando-se com especialistas. Eles criaram uma cápsula de quatro metros de altura e perfuraram, primeiro, um buraco de comunicação; depois, um túnel de escavação. Não havia garantia de sucesso. Ninguém jamais ficara preso debaixo da terra todo esse tempo e vivera para contar a história.

Dessa vez, alguém sobreviveu.

Em 13 de outubro de 2010, os homens começaram a subir, cumprimentando-se e entoando cantos de vitória. Um que era bisavô. Um de 44 anos que estava planejando um casamento. Depois, um de 19 anos. Todos tinham histórias diferentes, mas todos tomaram a mesma decisão. Acreditaram que alguém os salvaria. Nenhum deles respondeu à oferta de resgate com uma declaração de independência: "Eu consigo sair daqui sozinho. Apenas dê-me uma nova broca." Eles olharam para a sepultura de pedra tempo suficiente para chegar a uma opinião unânime: "Precisamos de ajuda. Precisamos de alguém que penetre neste mundo e nos tire daqui." E quando a cápsula de resgate chegou eles subiram.

Por que é tão difícil para nós fazermos o mesmo?

Achamos mais fácil acreditar no milagre da ressurreição do que no milagre da graça. Temos tanto medo de fracassar que criamos a imagem da perfeição, com medo de que o céu esteja mais desapontado conosco do que nós estamos. O resultado? A pessoa mais exausta da terra.

As tentativas de autossalvação não levam a nada, a não ser à exaustão. Corremos e nos apressamos, tentando agradar a Deus, colecionando medalhas de mérito e pontos extras e franzindo a testa a qualquer um que questione nossas conquistas. Chamam-nos de "a igreja dos rostos de cães de caça e ombros caídos".

Pare com isso! De uma vez por todas, chega desse frenesi. "É bom sermos espiritualmente fortes por meio da graça de Deus, e não por meio da obediência a regra" (Hebreus 13:9 NTLH). Jesus não diz: "Venham a mim, todos os que são perfeitos e sem pecados." Totalmente o oposto. "Venham a mim todos os que estão cansados e sobrecarregados, e eu lhes darei descanso" (Mateus 11:28).

— *Graça*

Se não aceitar o perdão de Deus, você estará condenado a ter medo.

··················· ❖❖ ···················

É possível enfraquecer o medo, mas não extingui-lo.

Apenas a graça de Deus tem esse poder.

Jesus nos ama demais para nos deixar em dúvida sobre sua graça.

Ele não guarda uma lista com nossos erros.

Deixe a graça

superar seus

recordes impeditivos,

suas críticas

e sua consciência culpada.

Veja a si mesmo pelo que você é:

um projeto de remodelagem pessoal de Deus.

*Não tudo em si mesmo,
mas uma peça em suas mãos.*

Deus opera
o milagre da salvação.

Ele nos mergulha
em misericórdia.

Ele costura as nossas almas retalhadas.

A graça de Deus nos muda, nos molda e nos conduz a uma vida modificada para sempre.

Deus, que é rico em
misericórdia, pelo
grande amor com que
nos amou, deu-nos
vida juntamente com
Cristo, quando ainda
estávamos mortos em
transgressões — pela
graça vocês são salvos.

Efésios 2:4-5

DEUS TRANSFORMA CORAÇÕES

Há alguns anos, fui submetido a um procedimento cardíaco. Meus batimentos tinham a regularidade de um operador de telégrafo enviando um código Morse. Rápido, rápido, rápido. Leeeento. Depois de várias tentativas fracassadas de restaurar o ritmo saudável com medicamentos, meu médico decidiu que precisaria de uma ablação por cateter. O plano foi assim: um cardiologista inseriria dois cabos no meu coração através de uma veia. Um era a câmera; o outro uma ferramenta de ablação. Ablacionar é queimar. Sim, queimar, cauterizar, chamuscar. Se tudo acontecesse conforme o previsto, o médico, de acordo com as palavras dele, destruiria as partes "que se comportam mal" do meu coração.

Enquanto eu era levado de maca para o centro cirúrgico, ele perguntou se eu tinha alguma dúvida. (Não foi a melhor escolha de palavras.) Tentei ser inteligente.

— Você vai queimar o interior do meu coração, certo?

— Correto.

— Você pretende matar as células que não estão se comportando bem, não é?

— Esse é o meu plano.

— Enquanto estiver ali, você poderia usar o maçarico na minha ganância, no meu egoísmo, na minha superioridade e na minha culpa?

Ele sorriu e respondeu:

— Desculpe, isso não está incluído no meu contracheque.

Realmente não estava, mas estava no contracheque de Deus. Ele trabalha no ramo de mudança de corações.

Não seria correto pensar que essa mudança ocorra da noite para o dia. Mas também não seria correto achar que a mudança nunca ocorra. Pode vir espasmodicamente — um "ahá" aqui, uma reviravolta ali. Mas ela vem. "Porque a graça de Deus se manifestou salvadora a todos os homens" (Tito 2:11). As comportas estão abertas e a água está saindo. Você nunca sabe quando a graça vai se infiltrar.

— Será que você poderia aproveitá-la?

— *Graça*

A graça é a melhor ideia de Deus.

Em vez de pedir que mudemos, ele cria a mudança.

Precisamos ser puros para ele nos aceitar? Não, ele nos aceita e nos purifica.

APROXIMEMO-NOS DO TRONO DA GRAÇA COM TODA A CONFIANÇA, A FIM DE RECEBERMOS MISERICÓRDIA E ENCONTRARMOS GRAÇA QUE NOS AJUDE NO MOMENTO DA NECESSIDADE.

Hebreus 4:16

Graça é a voz que nos invoca a mudar e depois nos dá o poder de conseguir mudar.

TRANSFORMADO PELA GRAÇA

No clássico *Os miseráveis*, Victor Hugo nos apresenta Jean Valjean. Valjean surge primeiramente como um vagabundo. Um prisioneiro de meia-idade recém-libertado, vestindo calças gastas e um casaco surrado. Dezenove anos em uma prisão francesa deixaram-no rude e destemido. Caminhara por quatro dias no frio alpino no sudoeste francês do século XIX, somente para descobrir que nenhuma pensão o aceitaria, nenhuma taverna o alimentaria. Finalmente, bate à porta da casa de um bispo.

O monsenhor Myriel tem 75 anos. Como Valjean, também perdera muito. A revolução levara todos os bens valiosos de sua família, exceto a prataria, uma concha de sopa e dois castiçais. Valjean conta sua história, esperando que o religioso o mande embora. Mas o bispo é gentil. Pede ao visitante que se sente perto do fogo. "Você não precisa me contar quem você era", ele explica. "Essa não é minha casa — é a casa de Jesus Cristo."[2] Depois de algum tempo, o bispo leva o ex--condenado à mesa, em que jantam sopa e pão, figos e queijo com vinho, usando a fina prataria do bispo.

Ele mostra o quarto a Valjean. Apesar do conforto, o ex-prisioneiro não consegue dormir. E, mesmo com a bondade do bispo, ele não consegue resistir à tentação. Coloca a prataria na sacola. Monsenhor Myriel dorme no momento do roubo e Valjean foge durante a noite.

Mas não consegue ir muito longe. Os policiais o capturam e o conduzem à casa do bispo. Valjean sabe o que significa a captura — prisão para o resto da vida. Porém, algo maravilhoso acontece. Antes de o policial poder explicar o crime, o monsenhor se adianta:

— Oh, aqui está você! Estou contente em vê-lo. Não acredito que tenha esquecido os castiçais. Eles também são feitos de prata pura... Leve-os com os garfos e as colheres que dei a você.

Valjean fica atônito. O bispo dispensa os policiais, vira-se e diz:

— Jean Valjean, meu irmão, você não mais pertence ao mal; mas, sim, ao bem. Comprei sua alma de você. Tomo-a de volta dos pensamentos e feitos malignos e do espírito do inferno e dou-a a Deus.[3]

Valjean tinha uma escolha: acreditar no sacerdote ou acreditar em seu passado. Jean Valjean acredita no sacerdote. Torna-se prefeito de uma cidadezinha. Constrói uma fábrica e dá emprego aos pobres. Fica com pena de uma mãe moribunda e cria a filha dela.

A graça o mudou. Deixe que ela mude você também.

— *Graça*

Olhar para o pecado sem a graça é desespero. Olhar para a graça sem pecado é arrogância. Olhar os dois em conjunto é conversão.

Fui crucificado com Cristo. Assim, já não sou eu quem vive, mas Cristo vive em mim. A vida que agora vivo no corpo vivo-a pela fé no filho de Deus, que me amou e se entregou por mim.

Gálatas 2:20

Cristo está agindo, tirando você ousadamente de uma vida sem a graça para uma vida moldada por ela. É o presente dado dando presentes.

VOCÊ É A OBRA-PRIMA DE DEUS

Deus vê em você uma obra-prima prestes a surgir.

Ele fará com você o que Vik Muniz fez com os catadores de lixo de Gramacho. Jardim Gramacho é o maior aterro sanitário no mundo, o Godzilla dos depósitos de lixo. O que o Rio de Janeiro descarta, Gramacho junta.

E o que Gramacho junta, os catadores recolhem. Aproximadamente três mil catadores vivem do lixo, recuperando diariamente duzentas toneladas de sucatas recicláveis. Eles trilham comboios intermináveis de caminhões, escalando montanhas de lixo e deslizando pelo outro lado, esbarrando nas sucatas durante o trajeto. Garrafas plásticas, tubos, fios e papel são separados e vendidos aos compradores que ficam à beira do depósito de lixo.

No outro lado da baía, a estátua do Cristo Redentor abre seus braços em direção à Zona Sul com seus apartamentos de frente para o mar no valor de um milhão de dólares. Os turistas concentram-se ali, ninguém vai até Gramacho. Ninguém, exceto Vik Muniz.

Esse artista nascido no Brasil convenceu cinco trabalhadores do lixo a posar para quadros individuais. Suelem, 18 anos, mãe de dois filhos, trabalha no lixão desde os sete anos. Isis é uma viciada em álcool e drogas em recuperação. Zumbi lê todos os livros que encontra no lixo. Irma cozinha produtos descartados em uma grande panela sobre uma fogueira e vende. Tião organizou os catadores em uma associação.

Muniz tirou fotos de seus rostos, depois ampliou as imagens no tamanho de uma quadra de basquete. Ele e os cinco catadores contornaram os traços faciais com lixo. Tampas de garrafas viraram sobrancelhas. Caixas de papelão viraram as linhas do queixo. Tiras de borracha fizeram o sombreado. As imagens foram surgindo do lixo. Muniz subiu em uma plataforma de dez metros de altura e tirou novas fotos.

O resultado? A segunda exposição de arte mais popular na história do Brasil, sendo superada somente pelos trabalhos de Picasso. Muniz doou os lucros à associação dos catadores de lixo.[4] Você pode dizer que ele tratou Gramacho com graça.

A graça faz isso. *Deus* faz isso. Graça é Deus caminhar em seu mundo com um brilho nos olhos e uma oferta a que é difícil de resistir. "Sente-se em silêncio por um momento. Posso fazer maravilhas com essa sua bagunça."

Acredite nessa promessa. Confie. Agarre com força toda essa esperança.

— *Graça*

A graça

removeu o odor do pródigo

e expulsou o ódio de Paulo,

e promete fazer o mesmo conosco.

A graça vai atrás de você. Ela reconduz você da insegurança à segurança de Deus.

Do crivado pelo pesar ao melhor por causa dela.
Do medo de morrer ao pronto para voar.

Sou eu, eu mesmo, aquele que apaga suas transgressões, por amor de mim, e que não se lembra mais de seus pecados.

Isaías 43:25

UM OÁSIS DE GRAÇA

A cruz de Cristo cria um novo povo, um povo livre de cor de pele ou de rixas entre famílias. Um novo conjunto de cidadãos com base não na ancestralidade nem na geografia em comum, mas em um Salvador em comum.

Meu amigo Buckner Fanning experimentou isso pessoalmente. Ele era fuzileiro naval durante a Segunda Guerra Mundial e estava na base de Nagasaki três semanas após o lançamento da bomba atômica. Você consegue imaginar um jovem soldado americano no meio dos escombros e das ruínas da cidade destruída? Vítimas queimadas pela radiação vagando pelas ruas. Precipitação radioativa inundando a cidade. Corpos queimados em um caixão preto. Sobreviventes vasculhando as ruas, em busca de família, de comida, de esperança. O soldado vitorioso não sentia o triunfo, mas dor pelo sofrimento à sua volta.

Em vez de raiva e vingança, Buckner descobriu um oásis de graça. Enquanto patrulhava as ruas estreitas, encontrou uma placa com palavras conhecidas: Igreja Metodista. Ele observou o local e resolveu voltar na manhã do domingo seguinte.

Quando voltou, entrou em um prédio parcialmente desmoronado. Janelas despedaçadas. Paredes semidestruídas. O jovem marine caminhou sobre os escombros, sem saber como seria recebido. Mais ou menos 15 japoneses estavam arrumando as cadeiras e removendo o entulho. Quando o americano uniformizado entrou, todos pararam e se viraram.

Ele só sabia uma palavra em japonês. Ele a ouviu. *Irmão*. "Eles me acolheram como amigo", relata Buckner, a força do momento ainda ressoando mais de sessenta anos depois dos acontecimentos. Ofereceram-lhe um assento. Ele abriu a Bíblia e, sem entender o sermão, sentou e observou. Durante a comunhão, os fiéis lhe trouxeram o pão e o vinho. Nesse instante de silêncio, a inimizade entre seus países e a dor da guerra foram postas de lado enquanto um cristão servia ao outro o Corpo e o Sangue de Cristo.

— *Faça a vida valer a pena*

Através de Cristo herdamos misericórdia em abundância. O suficiente para cobrir uma vida inteira de erros.

Temer a exaustiva graça de Deus? É mais fácil uma sardinha engolir todo o Atlântico.

Pela sua graça e sem exigir nada,
Deus aceita todos por meio de Cristo
Jesus, que os salva. Deus ofereceu
Cristo como sacrifício para que,
pela sua morte na cruz, Cristo
se tornasse o meio de as pessoas
receberem o perdão dos seus pecados,
pela fé nele.

Romanos 3:24-25, NTLH

Deus tem *graça suficiente* para resolver qualquer dilema que você enfrentar, para enxugar toda lágrima que você derramar e responder a tudo que você perguntar.

Graça.

Deixe-a penetrar nas frestas mais ásperas da sua vida e ela suavizará tudo.

Depois, deixe-a borbulhar na superfície, como uma primavera no Saara, em palavras de bondade e em atos de generosidade.

SEJAM BONS E ATENCIOSOS UNS PARA COM OS OUTROS. E PERDOEM UNS AOS OUTROS, ASSIM COMO DEUS, POR MEIO DE CRISTO, PERDOOU VOCÊS.

Efésios 4:32 NTLH

*Você nunca será chamado
para dar a alguém mais graça
do que Deus já lhe deu.*

GRAÇA DADA, GRAÇA CONCEDIDA

Recentemente jantei com uns amigos. Marido e mulher queriam me contar sobre um problema que estavam enfrentando. Por uma série de acontecimentos, ela descobriu uma infidelidade de seu marido que acontecera décadas atrás. Ele cometeu o erro de pensar que seria melhor não contar nada a ela — e não contou. Mas ela descobriu e, como você pode imaginar, ficou profundamente magoada.

Seguindo a recomendação de um conselheiro, o casal largou tudo e viajou por alguns dias. Uma decisão precisava ser tomada. Fugiriam do assunto, brigariam ou se perdoariam? Assim, eles oraram. Conversaram. Passearam. Refletiram. Nesse caso, a mulher estava claramente no seu direito. Ela poderia ir embora. Mulheres já fizeram isso por muito menos. Ou ela podia ficar e infernizar a vida dele. Outras mulheres faziam isso. Mas ela escolheu uma resposta diferente.

Na décima noite da viagem, meu amigo encontrou um cartão em seu travesseiro. Nele estava impresso o seguinte: "Prefiro não fazer nada com você a fazer algo sem você." Abaixo, ela escrevera:

Eu perdoo você. Eu amo você. Vamos seguir em frente.

— *Simplesmente como Jesus*

A graça não é cega.

Ela vê perfeitamente a ferida.
Mas prefere ver
mais ainda o perdão
de Deus.

> CRESÇAM [...] NA GRAÇA
> E NO CONHECIMENTO
> DE NOSSO SENHOR E
> SALVADOR JESUS CRISTO.
>
> *2Pedro 3:18*

Minha graça é suficiente para você, pois o meu poder se aperfeiçoa na fraqueza.

2Coríntios 12:9

Você tem o Espírito de Deus dentro de si.

*Hostes celestiais acima de você.
Jesus Cristo intercedendo por você.*

*Você tem graça suficiente
de Deus para sustentá-lo.*

GRAÇA PARA CADA NECESSIDADE

O nascimento da nossa primeira filha coincidiu com o cancelamento do nosso plano de saúde. Ainda não entendo como aconteceu. Tinha algo a ver com a empresa estar sediada nos Estados Unidos e Jenna ter nascido no Brasil. Denalyn e eu ficamos com a alegria de uma menininha de 3,6 quilos e os encargos de uma conta hospitalar de 2.500 dólares.

Pagamos a conta sacando o dinheiro de uma poupança. Grato por poder pagar a dívida, mas desnorteado pelo problema do plano de saúde, me perguntei: "Será que Deus está tentando nos dizer alguma coisa?"

Algumas semanas depois, veio a resposta. Fiz uma palestra em um retiro de uma igrejinha alegre da Flórida. Um membro da congregação me entregou um envelope e disse:

— Isto é para a sua família.

Tais presentes não eram incomuns. Estávamos acostumados e éramos gratos por essas doações espontâneas, que geralmente eram de cinquenta ou cem dólares. Eu esperava que o valor fosse esse. Mas, quando abri o envelope, o cheque era de (você adivinhou) 2.500 dólares.

Usando a linguagem da necessidade, Deus falou comigo. Era como se ele dissesse: "Max, estou envolvido em sua vida. Vou cuidar de você."

— Ele escolheu os cravos

Habitamos um jardim de graça. O amor de Deus se espalha ao nosso redor como lilases e se eleva sobre nós como os pinheiros da Geórgia.

COMO ELE SERÁ BONDOSO QUANDO VOCÊ CLAMAR POR SOCORRO! ASSIM QUE ELE OUVIR, LHE RESPONDERÁ.

Isaías 30:19

Deus tem recursos a respeito dos quais nada sabemos, soluções que vão além da nossa compreensão, provisões que vão além das nossas possibilidades.

Nós vemos problemas; Deus vê provisão.

MOLDADO PELA GRAÇA

Em uma noite de novembro, em 2004, Victoria Ruvolo, uma nova-iorquina de 44 anos estava dirigindo, voltando para sua casa em Long Island. Tinha acabado de assistir ao recital da sobrinha e estava pronta para relaxar no sofá, na frente da lareira.

Ela não se lembra de ter visto o Nissan prata se aproximando do leste. Ela não se lembra do garoto de 18 anos inclinando-se para fora da janela, segurando um peru congelado. Ele jogou-o no para-brisa dela.

A ave de nove quilos atravessou o vidro, entortou a direção e estraçalhou o rosto dela como um prato de jantar no concreto. A violenta brincadeira a deixou na UTI, lutando pela vida. Ela sobreviveu, mas somente depois que os médicos colocaram fios em sua mandíbula, prenderam um dos seus olhos com película sintética e colocaram pinos de titânio em seu crânio. Ela não consegue se olhar no espelho sem se lembrar da dor.[...][5]

Nove meses depois da desastrosa noite de novembro, tendo o rosto com pinos de titânio, ela ficou frente a frente com o transgressor no tribunal. Ryan Cushing não era mais o garoto metido, atirador de peru, em um Nissan. Ele tremia, amedrontado e arrependido. Para a cidade de Nova York, ele se tornara o símbolo de uma geração de garotos fora de controle. As pessoas encheram a sala para vê-lo receber sua merecida punição. A sentença do juiz os deixou com raiva — somente seis meses atrás das grades, cinco anos de condicional, aconselhamento e serviço à comunidade.

A corte veio abaixo. Todos contestaram. Todos, exceto Victoria. A pena reduzida fora ideia dela. O garoto caminhou até ela e ela o abraçou. À vista de todo o júri e da multidão, ela o abraçou com força, alisou o cabelo dele. Ele chorou e ela falou: "Eu o perdoo. Quero que sua vida seja a melhor possível."[6]

Ela deixou que a graça moldasse sua resposta. "Deus me deu uma segunda chance na vida e eu estou passando-a adiante", diz ela sobre sua dávida.[7] "Se não tivesse deixado aquela raiva para trás, eu seria consumida por essa necessidade de vingança. Perdoá-lo me ajuda a seguir em frente."[8]

Esse infortúnio levou-a à sua missão: ser voluntária no departamento de condicional da cidade. "Estou tentando ajudar os outros, mas sei que, pelo resto de minha vida, serei conhecida como 'A Mulher do Peru'. Poderia ter sido pior. Ele poderia ter jogado um presunto. Eu seria a Senhorita Porca!"[9]

— *Graça*

Este é o dom que Deus nos dá: a graça que primeiro nos concede o poder de receber o amor e depois o poder de doá-lo.

A graça dada concede graça.

Pessoas perdoadas perdoam pessoas.

A marinada de misericórdia goteja misericórdia.

VOCÊ SABE MUITO BEM QUE ELE [DEUS] É
BOM E QUE QUER FAZER COM QUE VOCÊ
MUDE DE VIDA.

Romanos 2:4, NTLH

TANTA BONDADE

— Vamos fazer 44 anos juntos amanhã — disse Jack, enquanto dava de comer à esposa.

Ela estava careca. Tinha os olhos afundados e a fala indistinta. Os olhos permaneciam fixos e ela só abria a boca quando ele aproximava o garfo. Ele limpou o queixo dela. E, depois, a própria testa.

— Faz cinco anos que ela está doente — disse-me ele. — Ela não consegue andar. Não consegue cuidar de si mesma. Não consegue nem se alimentar, mas eu a amo. Mas — Jack elevou a voz para que a esposa pudesse ouvir — vamos vencer essa coisa, não é, meu bem?

Depois de mais algumas garfadas, ele tornou a dizer:

— Não temos plano de saúde. Quando eu podia pagar, achava que não precisaríamos. Agora devo para esse hospital mais de cinquenta mil dólares.

Jack fez uma breve pausa para dar de beber à esposa. Então, continuou:

— Mas eles não me atormentam. Eles sabem que não posso pagar, mas, mesmo assim, nos aceitaram sem fazer qualquer questionamento. Os médicos nos tratam como se fôssemos os melhores pacientes em dia com os pagamentos. Quem poderia imaginar tanta bondade?

Tive de concordar. Quem poderia imaginar tamanha bondade? No mundo espinhento dos sistemas de saúde caros, de alta tecnologia e quase sempre criticados, foi reconfortante encontrar profissionais dispostos a atender um casal que não tinha nada para dar em troca.

—— Um dia na vida de Jesus

Uma das melhores formas de celebrar o amor e a graça maravilhosos de Deus é compartilhar um pouco desse amor e dessa graça com os outros.

Deus tornou pecado por nós aquele que não tinha pecado, para que nele nos tornássemos justiça de Deus.

2Coríntios 5:21

AMOR CHEIO DE GRAÇA

As vozes a arrancaram da cama.

— Levante-se, sua prostituta.

— Que tipo de mulher você pensa que é?

Os sacerdotes arrombaram a porta do quarto, abriram as cortinas e arrancaram as cobertas. Antes de sentir o calor do sol da manhã, ela sentiu a fúria do desprezo deles. [...]

— Que vergonha.

Ela mal teve tempo de cobrir o corpo antes de conduzirem-na pelas ruas estreitas. Os cães latiram. Os galos fugiram. As mulheres saíram das janelas. As mães tiraram os filhos do caminho. [...]

E, como se a invasão do quarto e a parada da vergonha fossem insuficientes, os homens empurraram-na para o meio de uma aula bíblica matinal.

> Ao amanhecer [Jesus] apareceu novamente no templo, onde todo o povo se reuniu ao seu redor, e ele se assentou para ensiná-lo. Os mestres da lei e os fariseus trouxeram-lhe uma mulher surpreendida em adultério. Fizeram-na ficar em pé diante de todos e disseram a Jesus: "Mestre, esta mulher foi surpreendida em ato de adultério. Na Lei, Moisés nos ordena apedrejar tais mulheres. E o senhor, que diz?" (João 8:2-5)

Os estudantes, atônitos, em pé ao lado dela. Devotos queixosos do outro. Eles tinham suas próprias perguntas e convicções; a mulher vestia um penhoar sedutor e seu batom estava manchado.

— Esta mulher foi surpreendida em ato de adultério — os acusadores dela gritaram. [...]

— Na Lei, Moisés nos ordena apedrejar tais mulheres. E o senhor, que diz?

A mulher não tinha saída. Negar a acusação? Ela fora surpreendida. Implorar pelo perdão? De quem? De Deus? Os porta-vozes dele estavam apertando pedras e rosnando por entre os dentes. Ninguém falaria por ela.

Mas alguém seria condescendente com ela.

"Jesus inclinou-se e começou a escrever no chão com o dedo" (v. 6). Esperaríamos que ele se erguesse, desse um passo à frente ou até mesmo subisse em uma escada e falasse. Mas, em vez disso, ele se inclinou. Ele desceu mais baixo do que qualquer outro — abaixo dos sacerdotes, do povo e até mesmo da mulher. [...]

Ele está propenso a se inclinar. Ele inclinou-se [...] perante o pelourinho de Roma. Inclinou-se para carregar a cruz. A graça é um Deus que se inclina. Aqui ele se inclinou para escrever na areia. [...]

O bando estava cada vez mais impaciente com o silêncio e a inclinação de Jesus. "Visto que continuavam a interrogá-lo, ele se levantou" (v. 7).

Ele se ergueu até os ombros ficarem retos e a cabeça elevada. [...] Erguia-se em prol da mulher. Colocou-se entre ela e a multidão que queria linchá-la: "Se algum de vocês estiver sem pecado, seja o primeiro a atirar pedra nela!" Inclinou-se novamente e continuou escrevendo no chão (v. 7,8).

Os acusadores se calaram. As pedras caíram no chão. Jesus retornou aos seus rabiscos. "Os que o ouviram foram saindo, um de cada vez, começando pelos mais velhos. Jesus ficou só, com a mulher em pé diante dele" (v. 9).

Jesus não havia terminado. Ele inclinou-se mais uma vez e perguntou à mulher: "Mulher, onde estão eles? Ninguém a condenou?" [...]

"Ninguém, Senhor", disse ela.

Declarou Jesus: "Eu também não a condeno. Agora vá e abandone sua vida de pecado" (João 8:10-11).

Em minutos o tribunal estava vazio. Jesus, a mulher, os seus acusadores — todos foram embora. Mas ponderemos. Observe as pedras no solo, abandonadas e não utilizadas. E observe o escrito na areia. Foi o único sermão que Jesus escreveu. Apesar de não sabermos as palavras, fico pensando se não foram estas: *A graça acontece aqui.*

— *Graça*

Ele o fez a fim de que, justificados por sua graça, nos tornemos seus herdeiros, tendo a esperança da vida eterna.

Tito 3:7

....

Quando você ama o que não é amável, tem um vislumbre do que Deus faz por você.

Quando mantém a luz da varanda acesa para o filho pródigo, quando faz o que é direito mesmo que tenham feito errado, quando ama o fraco e o doente, você faz o que Deus faz em cada momento.

Deus é o grande presenteador.

O grande provedor.

A fonte de toda bênção.

Absolutamente generoso e completamente confiável.

Ousamos arriscar a *nossa esperança* na notícia mais alegre de todas:

se Deus permite o desafio,

ele *providenciará a graça para enfrentá-lo.*

Aquele que não poupou a seu próprio Filho, mas o entregou por todos nós, como não nos dará juntamente com ele, e de graça, todas as coisas?

Romanos 8:32

DEUS USA PESSOAS COMO VOCÊ E EU

Deus muda o mundo com gente como você.

Basta perguntar para as 22 pessoas que viajaram para Londres em uma manhã de outono de 2009 para agradecer a Nicholas Winton. Elas poderiam ter passado por um grupo de idosos de algum asilo fazendo turismo. Todos tinham setenta ou oitenta anos. Muitos com cabelos grisalhos e passos mais atrapalhados do que lépidos.

Mas não era uma viagem de turismo. Era uma jornada de agradecimento. Vieram para agradecer o homem que salvou a vida deles: um centenário recurvado que os recebeu em uma plataforma de trem, assim como o fizera em 1939.

Na época, ele tinha 29 anos e era corretor na bolsa de valores. As tropas de Hitler devastavam a Tchecoslováquia, separando as famílias judias e encaminhando os pais para os campos de concentração.

Ninguém estava cuidando das crianças. Winton tomou conhecimento desse problema e resolveu ajudá-las. Aproveitou as férias e viajou para Praga, onde encontrou pais que, por incrível que pareça, estavam dispostos a confiar o futuro dos filhos a seus cuidados. Após retornar à Inglaterra, Winton trabalhou em seu emprego na bolsa durante o dia e intercedeu pelas crianças à noite. Ele convenceu a Grã-Bretanha a permitir a entrada delas. Encontrou lares para a adoção e angariou fundos. Depois, programou o primeiro transporte para 14 de março de 1939, e realizou outros sete no decorrer dos cinco meses seguintes. O último comboio chegou em 2 de agosto, perfazendo o total de 669 crianças resgatadas.

Em 1º de setembro, aconteceu o maior transporte de todos, mas Hitler invadiu a Polônia, e a Alemanha fechou suas fronteiras para a Europa. Nenhuma das 250 crianças daquele trem jamais foi vista novamente.

Passada a guerra, Winton não contou a ninguém sobre seus esforços de resgate, nem à própria mulher. Em 1988, ela encontrou um álbum no sótão com fotos de todas as crianças e uma lista completa de nomes. E o incentivou a contar a história. Quando ele contou, as crianças resgatadas voltaram para agradecer. O grupo resgatado inclui um diretor de cinema, um jornalista canadense, um correspondente de notícias, um ex--ministro do gabinete britânico, um executivo do ramo de revistas e um dos fundadores da Força Aérea de Israel. São umas sete mil pessoas, entre filhos, netos e bisnetos, que devem sua existência à bravura de Winton. Ele usa um anel que lhe foi dado por alguma das crianças que salvou. Tem um verso do Talmud, o livro da lei judaica, que diz: "Salve uma vida. Salve o mundo".[10]

— Faça a vida valer a pena

Você conhece a graça de Deus?

Então pode amar corajosamente e viver vigorosamente.

Nada fomenta a coragem como uma compreensão clara da graça.

Conceda graça, mais uma vez.
Seja generoso, mais uma vez.

CADA UM EXERÇA O DOM QUE RECEBEU PARA SERVIR OS OUTROS, ADMINISTRANDO FIELMENTE A GRAÇA DE DEUS EM SUAS MÚLTIPLAS FORMAS.

1Pedro 4:10

ALCANÇANDO PELO AMOR

Jesus contou a história de um homem branco e rico que voltava para casa, saindo do escritório no centro da cidade. Como já estava tarde e se sentia cansado, o homem decidiu ir pela via expressa, que passava pela parte mais violenta da cidade. E, quem diria, o combustível acabou. Enquanto andava até o posto de gasolina mais próximo, ele fora assaltado e agredido, ficando à beira da morte na calçada.

Alguns minutos depois, um pastor passou pelo mesmo local enquanto se encaminhava para o culto noturno. Ele viu o homem na calçada e quis ajudar, mas achou que seria muito perigoso parar ali.

Não demorou muito para que um respeitado líder comunitário também passasse por ali e avistasse o homem, mas ele também achou que seria melhor não se envolver.

Por fim, um imigrante hispânico idoso que dirigia uma caminhonete velha viu o homem, parou e o levou até o hospital. O senhor pagou a conta do hospital e seguiu seu caminho.

Eu mudei os personagens da história, mas não a pergunta que Jesus faz: "Qual destes três você acha que foi o próximo do homem que caiu nas mãos dos assaltantes?" (Lucas 10:36) Seu próximo não é só o vizinho da sua casa, mas também aquele do outro quarteirão ou das áreas humildes. Seu próximo é a pessoa que você aprendeu que não deve amar. Para o judeu dos tempos de Jesus, era o samaritano.

Para o israelense de hoje, é o palestino.

Para o árabe, é o judeu.

Para o negro, que tal um caipira que dirige uma picape, carrega uma arma, masca tabaco e usa boné?

Para o hispânico pobre, que tal o hispânico rico? Para qualquer hispânico, não seria a pessoa que o chama de imigrante clandestino?

Para o branco, é aquele que o chama de "gringo".

Para o negro, aquele que o chama de "moleque".

Amar o próximo é amar a pessoa que se acostumou odiar.

— *Max on Life*

Se com as minhas fraquezas e os meus defeitos Deus permite que eu lhe chame de

Pai,

por que não devo estender essa graça ao próximo?

Alcancei misericórdia, para que em mim, o pior dos pecadores, Cristo Jesus demonstrasse toda a grandeza da sua paciência, usando-me como um exemplo para aqueles que nele haveriam de crer para a vida eterna.

1Timóteo 1:16

Se Deus nos amou tanto, podemos não nos amar uns aos outros? Tendo sido perdoados, podemos não perdoar?

Tendo nos servido na mesa da graça, podemos não dividir umas poucas migalhas?

DEUS ATENDE AS NOSSAS NECESSIDADES COM A GRAÇA

Heather Sample suspeitou de problemas no momento em que viu o corte na mão do pai. Os dois sentaram-se para fazer um rápido almoço no intervalo dos procedimentos cirúrgicos. Heather olhou para o ferimento e o questionou. Quando Kyle explicou que o machucado acontecera durante uma cirurgia, uma onda de náusea tomou conta dela.

Os dois eram médicos. Ambos sabiam do risco. Ambos entendiam o perigo de tratar pacientes com AIDS no Zimbábue. E agora seus medos se concretizaram.

Kyle Sheets era um veterano com 12 anos de viagens em missões médicas. [...]Essa viagem para o Zimbábue não era a primeira. A exposição ao vírus da AIDS era.

Heather encorajou seu pai a começar imediatamente o tratamento antirretroviral para evitar a infecção por HIV. Kyle estava relutante. Ele conhecia os efeitos colaterais. Cada um deles era uma ameaça à vida. Mesmo assim, Heather insistiu e ele consentiu. Em poucas horas ele estava extremamente doente. [...]

Eles mudaram o momento da partida dele quando começaram a imaginar se ele sobreviveria à viagem de 44 horas, que incluía uma parada de 12 horas na África do Sul e 17 horas de voo para Atlanta.

Kyle embarcou em um avião transoceânico com uma febre de quarenta graus. Ele tremia de frio. Nesse momento ele estava tendo dificuldades para respirar, e não conseguia se sentar. Incoerente. Olhos amarelados. Fígado aumentado e dolorido. Os dois médicos reconheceram os sintomas de insuficiência hepática aguda. Heather sentia todo o peso da vida do pai sobre seus ombros.

Heather explicou a situação aos pilotos e convenceu-os de que a melhor esperança para o pai era fazer o voo para os Estados Unidos o mais rápido possível. Com apenas um estetoscópio e um frasco de epinefrina, ela sentou-se ao lado dele e ficou imaginando como colocaria o corpo dele no corredor para fazer uma massagem cardíaca caso o coração dele parasse.

Vários minutos de voo e Kyle adormeceu. Heather moveu-se por sobre ele e chegou ao banheiro a tempo de vomitar a água que acabara de beber. Ela curvou-se no chão em posição fetal, chorou e orou: "Preciso de ajuda."

Heather não se lembra por quanto tempo orou, mas foi o bastante para que um passageiro preocupado batesse à porta. Ela abriu, e pôde ver quatro homens parados na copa. Um deles perguntou se ela estava bem. Heather assegurou que estava bem e disse a ele que era médica. O rosto dele iluminou-se quando explicou que ele e os amigos também eram médicos. "Assim como os outros

96 passageiros!", disse ele. Cem médicos do México estavam no voo.

Heather explicou a situação e pediu seu auxílio e suas orações. Eles deram as duas coisas. Alertaram um colega que era médico especialista em doenças infecciosas. Juntos, eles avaliaram a condição de Kyle e concordaram que não havia mais nada a ser feito.

Ofereceram-se para ficar com ele para que ela pudesse descansar. Heather foi descansar. Quando acordou, Kyle estava em pé e conversando com um dos médicos. Embora sua doença ainda fosse caso de UTI, ele estava muito mais forte. Heather começou a reconhecer a mão de Deus em ação. Ele os colocara exatamente no avião certo com as pessoas certas. Deus satisfizera as necessidades deles com graça.

— *Graça*

Você é um troféu da bondade de Deus, um participante de sua missão. Não perfeito por um recurso qualquer, porém, mais perto da perfeição do que nunca. Constantemente mais forte, gradualmente melhor. Isso acontece quando a graça acontece.

A dinâmica de conceder graça é a chave para entendê-la, pois é quando perdoamos os outros que começamos a sentir o que Deus sente.

Veja o seu inimigo como um filho de Deus e a vingança como algo que cabe a Deus.

Como podemos nós, receptores da graça, fazer mais que isso? Ousamos pedir graça a Deus quando nos recusamos a concedê-la?

UM PRESENTE DA GRAÇA

Depois de uma curta estadia em San Antonio, decidi que precisava de um paletó novo para a Páscoa. No Brasil, onde servimos, ninguém usa paletós e gravatas, e, logo, não precisava tê-los. Assim, eu queria comprar um. De pé em frente aos cabides, dei-me conta de que estava ao lado de um cidadão bastante conhecido, Red McCombs. Ele é dono de vários estacionamentos e já possuiu também um time de futebol americano da primeira divisão em Minnesota.

Trocamos cumprimentos e gentilezas. Ele me contou sobre o irmão, um pastor. Disse para ele que estava muito feliz por morar em San Antonio. Depois de algum tempo, seguimos nossos caminhos. Escolhi um paletó e fui até o caixa, quando ouvi essas palavras: "O seu paletó já foi pago. O homem com quem você conversava já pagou por ele." O meu primeiro pensamento foi: "Nossa, eu devia ter pegado um par de calças também."

Pense no que aconteceu comigo. Eu estava endividado. Então, do nada, descobri que minha dívida havia sido paga. Eu poderia aceitar ou recusar o presente. A decisão foi fácil. Quem me deu o presente tinha recursos para pagá-lo. Eu não tinha motivo algum para duvidar da capacidade ou da sinceridade dele.

Você também não tem. Deus tem uma capacidade enorme de amar e cuidar de você.

— *Max on Life*

Os misericordiosos, diz Jesus, recebem a misericórdia.

Eles presenciam a graça.

Eles são abençoados porque testemunham a mais importante bondade.

As bênçãos de Deus são dispensadas de acordo com o **alcance de sua graça,** *não de acordo com a profundidade da nossa fé.*

Estou convencido de que aquele que começou boa obra em vocês vai completá-la até o dia de Cristo Jesus.

Filipenses 1:6

Quando a graça acontece, a generosidade acontece.

A amabilidade ampla, irrestrita e surpreendente acontece.

Graça recebida hoje?

Generosidade prevista para amanhã.

UM BEIJO DE BONDADE

Meu amigo Kenny tinha acabado de voltar com a família da Disney World.

— Tive uma visão da qual nunca vou me esquecer — disse ele. — E quero que você saiba.

Ele estava dentro do lotado castelo da Cinderela com o restante de sua família. De repente, todas as crianças correram para um lado. Se fosse um barco, o castelo teria virado. A Cinderela vinha entrando.

A Cinderela. A princesa imaculada. Kenny disse que ela estava perfeitamente caracterizada. Uma jovem deslumbrante, com o penteado e a pele impecáveis e um sorriso radiante. Um mar de crianças, todas querendo tocá-la e serem tocadas por ela, a rodeara. Só dava para vê-la da cintura para cima.

Por alguma razão, Kenny se virou e olhou para o outro lado do castelo. Naquele momento, estava vazio, exceto por um menino, de talvez sete ou oito anos. Era difícil determinar sua idade por causa da deformação do seu corpo. De altura acanhada e com o rosto deformado, ele também assistiu à cena das crianças, calmo e triste, segurando a mão de um irmão mais velho.

Você não sabe o que ele queria? Ele queria estar com as crianças. Desejava estar no meio das crianças para chegar até a Cinderela, chamando seu nome. Mas ele tinha medo, o medo de mais uma rejeição. Medo de ser ridicularizado outra vez, escarnecido outra vez.

Não seria um sonho a Cinderela ir até ele? Adivinhe. Ela foi!

Ela reparou no garotinho e imediatamente começou a caminhar em sua direção. Foi educada, mas firme com as crianças, avançando em meio à multidão, até que por fim se libertou. Ela caminhou rápido, ajoelhou-se para ficar no nível dos olhos do garoto surpreso e lhe deu um beijo no rosto.

— *Ouvindo Deus na tormenta*

Quando encontra uma pessoa generosa, você fica diante de onde a graça está acontecendo.

A GRAÇA DE DEUS
SE MANIFESTOU
SALVADORA A TODOS OS
HOMENS.

Tito 2:11, ARA

GRAÇA EM CASCATA

Amy Wells sabia que sua loja de noivas estaria cheia. As futuras noivas aproveitavam os dias depois do Dia de Ação de Graças. Era comum parentes e irmãs passarem a maior parte do fim de semana do feriado olhando vestidos de noiva na loja dela em San Antonio, Texas. [...]

Do outro lado da cidade, Jack Autry estava no hospital, lutando para continuar vivo. Ele estava nos estágios finais de um melanoma. Sofrera um colapso dois dias antes e dera entrada no pronto-socorro. Sua família estava na cidade não apenas para celebrarem juntos a Ação de Graças, mas para fazer os preparativos para o casamento da filha dele. Chrysalis casaria em alguns meses. As mulheres da família planejaram passar o dia selecionando um vestido de noiva. Mas agora, com Jack no hospital, Chrysalis não queria ir.

Jack insistira. Depois de muita persuasão, a mãe, a futura sogra e as irmãs foram até o salão das noivas. A proprietária da loja observou que as mulheres estavam um pouco reprimidas, mas ela achou que fosse apenas uma família mais silenciosa. Ela ajudou Chrysalis a provar vários vestidos até que ela encontrou um de seda e cetim branco, estilo duquesa, que todas amaram. Jack gostava de chamar a filha de princesa e o vestido, comentou Chrysalis, faria com que ela se parecesse com uma.

Foi quando Amy ouviu falar em Jack. Devido ao câncer, ele não poderia ver a filha vestida. E, devido às contas médicas, a família não poderia pagar pelo vestido. Pareceu que Jack Autry morreria sem ver sua filha vestida de noiva.

Amy não queria mais ouvir nada. Disse a Chrysalis para levar o vestido e o véu para o hospital e vesti-los para o pai.

Ela diz: "Sabia que seria bom. Eu não tinha dúvidas quanto a fazer isso. Deus estava falando comigo." Não foi pedido nem fornecido nenhum cartão de crédito. Amy não anotou o telefone. Ela estava ansiosa para que a família fosse direto para o hospital. Chrysalis não precisou que falassem duas vezes.

Quando ela chegou ao quarto do pai, ele estava muito medicado e adormecido. Quando a família o acordou, as portas do quarto abriram-se lentamente e lá estava sua filha, envolta em quase 15 metros de seda em camadas ondulantes. Ele conseguiu ficar alerta por vinte segundos.

"Mas aqueles vinte segundos foram mágicos", recorda Chrysalis. "Meu pai me viu entrar usando o mais lindo vestido. Ele estava realmente fraco. Sorriu e continuou olhando para mim. Segurei a mão dele e ele a minha.

Perguntei se eu parecia uma princesa... Ele acenou que sim. Olhou-me mais um pouco e parecia que estava prestes a chorar. E, então, voltou a dormir."

Três dias depois ele morreu.[11]

A generosidade de Amy criou um momento de graça em cascata. Deus para Amy para Chrysalis para Jack.

Não é assim que funciona?

— *Graça*

Jesus

foi um modelo feito por Deus de um ser humano.

Sempre honesto em meio à hipocrisia.
Implacavelmente bondoso em um mundo cruel.

O amor do Senhor Deus não se acaba, e a sua bondade não tem fim. Esse amor e essa bondade são novos todas as manhãs.

Lamentações 3:22-23, NTLH

GRAÇA DADA A TODOS

Alguns anos atrás, um repórter que cobria o conflito em Sarajevo viu uma garotinha ser baleada por um francoatirador. A parte de trás da cabeça dela tinha sido despedaçada pela bala. O repórter atirou longe o bloco e o lápis e deixou de ser repórter por alguns minutos. Ele correu até o homem que estava segurando a criança e os ajudou a entrar em seu carro. Conforme o repórter pisou no acelerador, correndo para o hospital, o homem que segurava a criança ensanguentada disse:

— Depressa, meu amigo. Minha criança ainda está viva.

Após um ou dois minutos, ele implorou:

— Depressa, meu amigo. Minha criança ainda está respirando.

No minuto seguinte:

— Depressa, meu amigo. Minha criança ainda está quente.

Por fim:

— Depressa. Ai, meu Deus, minha criança está ficando fria.

Ao chegarem ao hospital, a garotinha estava morta. Quando os dois foram ao banheiro, para lavar o sangue de suas mãos e roupas, o homem virou para o repórter e disse:

— Esta é uma tarefa terrível para mim: contar ao pai que sua filha está morta. Ele vai ficar inconsolável.

O repórter parou, estupefato. Olhou para aquele homem angustiado e disse:

— Pensei que ela era sua filha.

O homem o encarou e respondeu:

— Não. Mas não são todos nossos filhos?[12]

De fato. Os que sofrem pertencem a todos nós. E, se todos nós respondermos, haverá esperança.

— Faça a vida valer a pena

Como podemos nós, que somos tão amados, não fazer o mesmo pelos outros?

Essa graça nos ensina a abandonarmos a descrença e as paixões mundanas e a vivermos neste mundo uma vida prudente, correta e dedicada a Deus.

Tito 2:12, NTLH

Por Deus ter nos perdoado, nós podemos perdoar os outros.

.... ❖❖ ....

Por ele ter um coração indulgente, podemos também ter um coração indulgente. Nós podemos ter um coração como o dele.

Tudo o que fizerem, seja em palavra ou em ação, façam-no em nome do Senhor Jesus, dando por meio dele graças a Deus Pai.

Colossenses 3:17

UM CANTO NO CORAÇÃO

Barbara Leininger e sua irmã, Regina, eram filhas de imigrantes alemães que se estabeleceram em Colonial, Pensilvânia, e as duas garotas tinham 11 e nove anos quando foram sequestradas. Em um dia de outono, em 1755, as irmãs estavam na cabana, na fazenda, com o irmão e o pai quando dois índios guerreiros abriram a porta com força. [...] [O pai] ofereceu comida e tabaco aos índios. Disse às garotas que pegassem um balde d'água, que os homens deviam estar com sede. Enquanto as garotas se apressavam pela porta, ele falava com elas em alemão dizendo que não voltassem até que os índios tivessem ido embora. Elas correram até o riacho mais próximo. [...]

[Os índios] encontraram as garotas escondidas e as levaram com eles. [...] Os dias se transformaram em semanas, enquanto os índios levavam os prisioneiros para o Oeste. Barbara fazia o máximo para ficar perto de Regina para encorajá-la. Ela lembrava Regina da canção que a mãe ensinara:

Sozinha, mas não só
Embora na solidão tão sombria
Sinto meu Salvador sempre junto a mim[13]

[...] Em um determinado ponto, entretanto, os índios se dispersaram, separando as irmãs. [...] As duas garotas foram levadas em direções opostas. A jornada de Barbara continuou por várias semanas, cada vez mais floresta adentro. [...] Ela perdeu completamente o contato com a família e com os colonizadores que conhecia.

Três anos depois, Barbara escapou. Ela correu pela floresta por 11 dias, chegando, finalmente, em segurança em Fort Pitt. [...] Ninguém tinha notícias de Regina.

Barbara pensava na irmã diariamente, mas a sua esperança só se concretizou seis anos depois. Ela havia casado e constituído a própria família, quando recebeu a notícia de que 206 prisioneiros foram resgatados e levados a Fort Carlisle. Estaria Regina entre eles?

Barbara e a mãe foram até lá para descobrir. A aparência dos refugiados as deixou espantadas. A maioria deles passaram anos isolados nas vilas, separados dos colonizadores. Estavam magros e confusos; e tão pálidos que se confundiam com a neve.

Barbara e a mãe caminharam para cima e para baixo, chamando Regina, buscando rostos e falando alemão. Ninguém olhava ou respondia. A mãe e a filha viraram-se com lágrimas nos olhos e disseram ao coronel que Regina não estava entre os resgatados.

O coronel insistiu para que se certificassem. Ele pediu que identificassem sinais como cicatrizes ou marcas de nascença. Não havia nenhuma. Perguntou sobre objetos de família, como colares ou pulseiras. A mãe balançou a cabeça negativamente. Regina não estava usando nenhuma joia. O coronel teve uma última ideia: havia alguma memória ou canção de infância?

Os rostos das duas mulheres se iluminaram. E a canção que cantavam todas as noites? Barbara e a mãe imediatamente viraram-se e começaram a caminhar lentamente pelas fileiras. Enquanto caminhavam, cantavam: "Sozinha, mas não só..." Por um longo tempo ninguém respondeu. [...] Então, de repente, Barbara ouviu um choro alto. Uma garota alta, magra, veio correndo da multidão em direção à mãe, abraçou-a e começou a cantar o verso.

Regina não reconhecera a mãe ou a irmã. Esquecera como falar inglês ou alemão. Mas lembrava-se da canção que fora colocada no coração dela quando garotinha.[14]

Deus coloca uma canção nos corações de seus filhos, também. Uma canção de esperança e vida. "Pôs um novo cântico na minha boca" (Salmos 40:3).

— *Graça*

DESTE-ME VIDA E FOSTE BONDOSO PARA
COMIGO, E NA TUA PROVIDÊNCIA CUIDASTE
DO MEU ESPÍRITO.

Jó 10:12

A misericórdia de Cristo precedeu os nossos erros;

a nossa misericórdia precisa preceder os erros dos outros.

Deus é poderoso para tornar abundante em vós toda graça, a fim de que, tendo sempre, em tudo, toda suficiência, superabundeis em toda boa obra.

2Coríntios 9:8, ARC

A graça salvadora nos salva dos nossos pecados.

A graça sustentadora nos supre em nossa precisão e nos guarnece de **coragem, sabedoria, e força.**

A GRAÇA RESTAURADORA DE DEUS

Ela estava sangrando havia 12 anos. Quando chegou até Jesus, já não tinha mais nada. Os médicos tomaram cada centavo seu. O diagnóstico dilacerava todas as suas esperanças. E a hemorragia tirava dela cada gota de energia ainda existente. Ela não tinha mais dinheiro, amigos e opção. Segurando no fim da linha com uma das mãos e, com uma asa e uma prece no coração, a mulher abriu caminho no meio da multidão.

Quando a mão tocou a veste de Jesus, aconteceu uma transfusão. Ele deixou algo sair e ela deixou algo entrar.

Jesus não se perturbava por a mulher só ter ido até ele como último recurso. Para ele, só importava ela ter vindo. Ele sabe que, para algumas pessoas, é preciso uma dose cavalar de realidade para que o bom senso seja atingido, de modo que ele não fica contando o tempo. Aqueles que chegam tropeçando já na última hora recebem o mesmo que aqueles que acordam com o raiar do dia. É isso que faz a graça ser, justamente, graciosa.

— *God Came Near*

Deus não nos dá o que merecemos.
Ele já inundou o mundo com graça.

Para quem Deus oferece o dom da graça?

Para o mais brilhante? Para o mais belo ou o mais charmoso?

Não.

O dom de Deus é para todos: mendigos e banqueiros, contadores e clérigos, juízes e fiscais.

Para todos os filhos de Deus.

NOTAS

1. BISHOP, John. 1041 *Sermon Illustrations, Ideas, and Expositions*, ed. A. Gordon Nasby. Grand Rapids: Baker Book House, 1952, p. 213.
2. REIMANN, Jim. *Victor Hugo's Les Misérables*. Nashville, TN: Word Publishing, 2001, p. 16.
3. Ibid., pp. 29-31.
4. "Rio de Janeiro's Garbage Workers Make Art-Project Out to Trash." Street News Service, 2 maio 2011. Disponível em: <www.steetnewsservice.org/news/2011/may/feed-278/rio-de-janeiro%E2%80%99s-garbage-workers-make-art-project-out-of-trash.aspx>.
5. JEREMIAH, David. *Captured by Grace: No One Is Beyond the Reach of a Loving God*. Nashville: Thomas Nelson, 2006, pp. 9-10.
6. Ibid., p. 11.
7. FINN, Robin. "Pushing Past the Trauma to Forgiveness", *New York Times*, 28 out. 2005. Disponível em: <www.nytimes.com/2005/10/28/nyregion/28lives.html>.
8. LEMIRE, Jonathan. "Victoria Ruvolo, Who Was Hit by Turkey Nearly 6 Years Ago, Forgives Teens for Terrible Prank", *New York Daily News*, 7 nov. 2010. Disponível em: <http://articles.nydailynews.com/2010-11-07/local/27080547_1_victoria-ruvolo-ryan-cushing-forgives>.
9. Ibid.
10. "Nicholas Winton, the Power of Good", Gelman Educational Foundation. Disponível em: <www.powerofgood.net/story.php>, e ODUM, Patrick D.

"Gratitude That Costs Us Something", *Heartlight*. Disponível em: <www.heartlight.org/cgi/simplify.cgi?20090922_gratitude.html>.
11. QUINTANILLA, Michael. "Angel Gives Dying Father Wedding Moment", *San Antonio Express-News*, 15 dez. 2010. Usado com permissão de Chrysalis Autry.
12. NUNN, Sam. "Intellectual Honesty, Moral and Ethical Behavior: We Must Decide What Is Important" (discurso, National Prayer Breakfast, Washington, DC, 1 fev. 1996).
13. CRAVEN, Tracy Leininger. *Alone, Yet Not* Alone. San Antonio, TX: His Seasons, 2001, p. 19.
14. Ibid., pp. 29-31, 42, 153-4, 176, 190-7.7.

FONTES

Fora a citação da página 93, os textos deste
livro foram originalmente publicados nos
livros de Max Lucado listados a
seguir. Todos os copyrights das obras
originais são controlados pelo autor.

A grande casa de Deus. Rio de Janeiro: CPAD, 2005.

Derrubando Golias. Rio de Janeiro: Thomas Nelson Brasil, 2007.

Ele escolheu os cravos. Rio de Janeiro: CPAD, 2010.

Faça a vida valer a pena. Rio de Janeiro: Thomas Nelson Brasil, 2010.

God Came Near. Nashville: Thomas Nelson, 2003. Não publicado no Brasil.

Graça. Rio de Janeiro: Thomas Nelson Brasil, 2012.

It's Not About Me. Nashville: Thomas Nelson, 2004. Não publicado no Brasil.

Max on Life. Nashville. Thomas Nelson, 2010. Não publicado no Brasil.

Nas garras da graça. Rio de Janeiro: CPAD, 2012.

Ouvindo Deus na tormenta. Rio de Janeiro: CPAD, 2006.

Quando os anjos silenciaram. Campinas: United Press, 1999.

Quebrando a rotina. Rio de Janeiro: CPAD, 2012.

Simplesmente como Jesus. Rio de Janeiro: CPAD, 2005.

3:16, A mensagem de Deus para a vida eterna. Rio de Janeiro: Thomas Nelson Brasil, 2012.

Um dia na vida de Jesus. São Paulo: Vida Cristã, 2002.

Nota: Sobre a nota da página 93: o meu amigo de longa data Tim Hansel disse algo parecido em seu livro *You Gotta Keep Dancin'*.

Os trechos de livros que não pertencem a Thomas Nelson Brasil foram traduzidos livremente.

Jesus já conhece o custo da graça. Ele já conhece o preço do perdão. Mas os oferece mesmo assim.

CRÉDITO DAS IMAGENS

Shutterstock:

página 7: Yellowj; página 13: iofoto; página 19: markiss; página 27: 2happy; página 28: Dmitrijs Dmitrijevs; página 34: Norbert Rehm; página 39: lafotografica; página 40: Audrey Khrolenok; página 43: Portlandia, Pixel 4 Images, 1000 Words, slavicic; página 51: silvano audisio; página 55: foryouinf; página 67: Bronwyn Photo; página 73: Christopher Meder-Photography; página 79: hd connelly; página 86: Bryan Busovicki; página 93: Sergios; página 99: Douglas Barclay; página 105: Gregory Johnston; página 113: Andrew F. Kazmierski; página 115: Bobkeenan Photography; página 119: mythja; página 129: Lorraine Kourafas; página 135: 1000 Words; página 138: chris May; página 149: grynka; página 151: Lichtmeister; página 153: worradirek; página 158: Matt Antonino; página 171: Cio; página 175: Phase4Photography; página 179: JinYoung Lee; página 183: Portlandia; página 188: Judy Kennamer; página 195: Alex James Bramwell; página 206: Antonina Potapenko; páginas 214-215: Tischenko Irina.

iStock:

página 83: earnang; página 173: Catherine Lane.

Este livro foi composto em Requiem e impresso pela Santa Marta sobre papel Couché 115g/m² para a Thomas Nelson Brasil em 2021.